Poésies de l'Infini...

TOUJOURS

Lydia Montigny

TOUJOURS…

Mentions légales

© 2022 Lydia MONTIGNY

Édition : BoD – Books on Demand, info@bod.fr
Impression : BoD – Books on Demand, In de Tarpen 42, Norderstedt (Allemagne)

Impression à la demande

ISBN : 978-2-3224-6831-7
Dépôt légal : Décembre 2022

Soleil amoureux

Cœur heureux de liberté

Etre dans la lune

C'est l'histoire...

C'est l'histoire d'une page
Cherchant un regard
Une main de passage
Se posant là par hasard

Elle attendait bien sage
Qu'on lise son message
Et la lueur du jour
Effleurait son contour

Mais le vent avait joué
A vouloir la tourner,
Le soleil a doré
La lettrine adorée

C'est l'histoire d'une page
Effeuillant cet hommage
Sans numéro sans âge,
Lue en vagabondage

Larme de peinture

Sur la toile des rêves

Sensible émotion

LES REGARDS

Les regards s'ouvrent
S'interrogent, se découvrent
Devant l'ombre d'un détour
Près d'un secret trop lourd

Les regards se perdent
Le long des rues désertes
Ou sur l'île verte
De leur couleur inerte

Les regards se croisent
Dans un duel, se toisent,
Et à l'aube se taisent,
La fin ne lui déplaise

.../...

…/…

Les regards se fixent
En turquoise ou onyx,
Se mêlent et se fondent
En harmonie profonde

Mais il reste un regard
Origine d'une histoire,
Seul l'Amour peut le voir
Le comprendre et le croire…

Le temps s'écoule

En bonheurs et souvenirs

La vie est ce Merci

AU BOUT DU CHEMIN

Au bout de cette route
Qui n'avait pas de nom
Il y avait le doute
Qu'il n'y ait pas de pont

Au bord de cet étang
Qui n'avait pas de rive
Il y avait le printemps
Le fleurissant d'eaux vives

Au loin sur l'horizon
Où le jour se faisait bulle
Il y avait une raison
Pour que le temps bascule

.../...

…/…

Au bout de ce chemin
Qui n'avait pas de pont
En te prenant la main
Je lui ai donné ton nom

Sous la couverture

Une histoire d'amour s'éveille

Le livre s'affole

... UN NŒUD...

Feras-tu un nœud
Un nœud comme un vœu
Dans le vent amoureux
Sifflant, si joyeux ?

Feras-tu un nœud
Au ruban bleu
De mes cheveux,
Au ruban soyeux
De ton ciel langoureux ?

Feras-tu un nœud
Un nœud papillon
Entourant l'horizon,
Ou un nœud marin
Enlaçant nos mains ?

.../...

…/…

Feras-tu un nœud
Un nœud à ton mouchoir
Pour écrire l'histoire
Oubliée quelque part
Au détour du hasard ?

Feras-tu un nœud
A ce vœu précieux
Dans le livre des aveux,
Un nœud pour se souvenir
Qu'il existe un avenir ?

Désir immobile

Mouvement du silence

Le baiser volé

POUSSIERE

La poussière du temps

Se posa doucement

Sur les marches des ans,

Sur les volets grinçants,

Sur le bureau de bois blanc

Où il écrivait un roman

Avec des mots choisis, élégants...

La poussière sous le vent

Souleva un instant

Des papillons dansant,

S'élevant silencieusement

Dans le soleil levant,

Le roman fut troublant

De ses pages en mouvement

Et les papillons, au firmament,

Devinrent poussières d'étoiles d'argent

Début d'une histoire

Vivant dans ma mémoire

A la page vingt

SOLEIL

Le soleil se fraie
Un chemin entre les nuages
Et l'éclat de ton rire
Fascine les étoiles...

Le soleil se voile
Lorsque ton corps soupire
Et sa lueur dévisage
Tous ces mots murmurés...

Vivre entre deux nuits

Lueur timide de l'aube

Excuser l'amour

L'INFINI

L'infini va si bien
Au silence sans fin
A croire que les mots
Prennent la forme de l'eau

L'infini se souvient
De la forme de demain
A croire que ses mains
Dessinent un chemin

Un lac de papier

Les souvenirs scintillent

Larme amoureuse

Un sens pour les mots

Véritable existence

Les mots sont le sens

De l'âme qui les écrit

Et de celle qui les lit

Le réveil de l'aube

S'étirant comme un gros chat

Sourire sur ta bouche

JE T'INVITE

Je t'invite
A visiter ma vie
Mes jours de pluie
De rire aussi,
A marcher les yeux fermés
Sans savoir où tu es
Sans savoir où tu vas,
Et suivre ma voix
Suivre ma voie
Là-bas…

Je t'invite
A flotter dans le vent
Doucement,
Te confier à ton instinct,
Te confier à ton destin
Certain,
Je t'invite
A sortir de ce livre enfin
Et me prendre la main…

Donner vie aux mots

En lisant à haute voix-

Musique du l'âme

APPRENDRE…

J'aime apprendre
Apprendre à écouter
La nature cachée,
Courageuse et sauvage,
Sans limite et sans cage
Qui reste tapie là
A l'intérieur d'un "moi"

J'aime apprendre
Apprendre à regarder
Le soleil te saluer,
Comme une ombre te suivre,
Illuminer ton livre
Apprendre à offrir
L'amour dans un sourire

Offrir l'énergie

De tous les rêves silencieux-

Faire un vœu d'amour

JE T'ECRIRAI...

Je t'écrirai
Un livre mou,
Chaud et doux
Pour que tu viennes
T'y reposer,
Que tu te souviennes
De la beauté
Du parchemin de nos années

Je t'écrirai
Des pages de lin
Fraîches dans le matin,
Des phrases duveteuses,
D'une couverture moelleuse,
Et l'aventure heureuse
D'une plume amoureuse
Chatouillant l'éternité

.../...

…/…

Je t'écrirai
Un chapitre profond
Souple et rond
Comme un oreiller,
Un refuge douillet
Délicatement parfumé
De lavandes bleutées,
Pour que tu viennes y déposer
Tes plus tendres pensées…

Etre une brindille

Jouant dans le rire du vent-

Entre tes dents

SOMNAMBULE

Le jour se lève
Pâle sur tes lèvres
Teintant d'or
Ton corps
Qui dort
Encore

Le soleil se hisse
Entre les interstices
Des volets où s'immiscent
Des rideaux lisses
Si légers qu'ils glissent
Sur l'adorable caprice

La lune s'allume
Dans un ciel de tulle
Et les rêves en bulles
Contournent et bousculent
L'ombre qui hulule...
L'amour est somnambule...

Ecrire une histoire

Dans l'espace de tes bras

Regard bleu saphir

REVER... ou... REVER...

Si les rêves
Choisissent les âmes
Alors je donne aux nuits
Ton sourire qui désarme,
Le chemin de mes mains,
La forme de ce lit
Que caresse ton parfum

Si les rêves
Choisissent les âmes,
Je veux être celle
Devenant étincelle
Puis cette douce flamme
Dans ton regard heureux,
Dans le rêve de ton âme

Ecouter la pluie

Rire en regardant le ciel

Sauter dans la flaque

J'aime
L'instant volé, sensuel, léger,
Ce désir doré,
Qui fait souffrir,
Presque mourir

J'aime
Imaginer nos ombres se mêler
Nos mains se chercher,
Nos corps se trouver,
Et se laisser tomber

J'aime
Espérer, croire, désirer
D'une douleur effrontée,
Que l'amour est ce glaive
Nous voyant succomber

Baiser lent du temps

Etreinte langoureuse

Dessiner ton nom

REVIENS...

Reviens
Dans chaque souvenir
Dans chaque oubli...

Reviens
Inventer les pages
De mes livres sages,
Peindre des rivages
Aux mers de nuages

Reviens
Poser sur mon cœur
Un bouquet de fleurs
Cicatriser la peur
De ne plus croire au bonheur

…/…

Reviens
Gommer la présence
Des mots du silence,
Ecrire la transparence
De la mémoire qui danse

Reviens
Dans chacun de mes souvenirs
Comme un sourire
Dans chacun de mes oublis
Là où ma vie jamais ne t'oublie

Pétales froissés

Imaginer ton rire

Fleurs de nos mémoires

JE VOLE

Je vole en Ut
Le concert de volutes
S'évaporant d'une flute
Par un soir sans luth

Je vole aux Ages
Le temps d'être sage,
Et l'espace sauvage
Fuyant de sa cage

Je vole aux Tiges
Les fleurs qui voltigent
Pour offrir au vertige
Les couleurs du prestige

.../...

…/…

Je vole aux Heures
Les plumes du bonheur
Pour offrir au voleur
L'aria de mon cœur

Regarder la rue

Comme une simple inconnue

Retrouver ton pas

ETRE LA...

J'ai faim
De réponses prochaines
De vérités soudaines
De pensées certaines
De sagesse souveraine

J'ai soif
D'encre pour te dire
De lune pour dormir
De ta voix pour sourire
De ne rien interdire

J'ai froid
Du silence furtif
Des mots fugitifs
Du futur évasif
D'un regard décisif

.../...

…/…

J'ai peur
De ce vide en détresse
De ce rien sans noblesse
De ne pas être là
Quand tu auras faim, soif ou froid…

Pensée dans le soir

Coulant sur une page

Lumière d'un sourire

EXCUSE

Je suis cette excuse
Dont le temps abuse,
Ce vertige qui bascule
Vers tes mots, mon refuge,
Cet instant minuscule,
Volé, rêvé, et crédule,
Presque ridicule,
Mais qui jamais ne fabule.

Je suis celle qu'on accuse
De n'être que la muse
De la rose, cette intruse,
Qui s'exclame, confuse
Comme une heureuse ruse
Que l'amour diffuse,
Dans la bruine et la brise,
Des excuses exquises…

Les yeux dans le ciel

Garder toujours cette force

Le ciel dans les yeux

BULLE D'AMOUR

Je t'envoie une balle
D'un léger rose pale
Roulant sans escale
Jusqu'à la lune verticale...

Je t'envoie une boule
Ronde qui roule
Sur les flots de la foule
Puis s'y plonge et coule...

Je t'envoie cette bille
Translucide, elle scintille,
Bulle d'amour elle sautille
Et dans ton cœur s'éparpille...

Entendre les mots

A travers les silences

Sourire encore

MAINTENANT

Le temps

C'est un an, une seconde,

Un jour

Une nuit,

C'est l'éternité

Scintillant dans tes yeux

Le temps

C'est maintenant…

Semer des mots doux

Sur le chemin de l'amour

Le Petit Poucet

Les mots choisissent l'heure

Et la page sans erreur,

Puis s'inventent un auteur

Pour transcrire leurs valeurs

Profondeur du temps

Indigo mélancolique

Love in blue blues

MURMURES

J'ai marché dans le silence
De ces mots qui dansent
Entre les pages douces
Entre ton index et ton pouce

J'ai brisé les lignes,
Les numéros, les signes
Pour que les mots s'enfuient
Et s'allument dans tes nuits

J'ai murmuré au ciel
Ton nom entre deux ailes
Et j'ai vu ton amour
Dans la lueur du jour

.../...

…/…

J'ai écarté mes bras
Pour te serrer contre moi
Et sans savoir pourquoi
Tu étais là…

Lire dans le vent

Lever les yeux en riant

L'amour chuchote

Parfois

Tu suis le hasard
Un soir de brouillard
Pour te fondre dans l'art
De mesurer l'espoir

Souvent

Tu vas quelque part
Vers la lueur d'un phare
Là où le temps s'égare
Oubliant ses amarres

Encore

Tu cherches du regard
Celle que tu veux revoir
Et le reflet de ton miroir
Devient sa mémoire

.../...

…/…

Toujours

Ton âme vient s'assoir
Tout près de nulle part
Là où l'amour vient t'émouvoir
Toujours est ton histoire…

Le souffle d'un ange

Le chatouillis sur les cils

Tu souris déjà

JE CROIS A L'INVISIBLE...

Je crois à l'invisible...
Au parfum du soleil
Sur ton corps qui sommeille
Et au chant de l'abeille
Dans ses rayons de miel,

A la tendresse du loup
Se posant dans mon cou
Oubliant tout à coup
Que l'hiver est jaloux,

A l'eau vive brillant
Entre les rochers bruyants
Et aux arbres s'inclinant
Pour boire ses diamants

.../...

…/…

A la couleur du temps,
Entre les nuages blancs
Et l'azur du firmament
S'étourdissant en riant

Je crois à l'invisible
A la vie imprévisible
A ces mots indivisibles
A l'amour invincible…

Marcher à travers

Le silence du monde

Sourire toujours

N'OUBLIE PAS DEMAIN...

...Ce rêve certain
S'éveillant le matin,
Ses pas incertains
Foulant le lointain...

N'oublie pas le désir
La force de le dire
Sans jamais interdire
L'éclat de nos rires

N'oublie pas jamais
Le goût de l'Eté
Le silence lié
A ces mots rencontrés

.../...

…/…

N'oublie pas Toujours
Toujours de retour
Comme un mot d'amour
S'épanouissant chaque jour…

Retrouver le goût

Et saveur de la pluie

La soif de vivre

DERRIERE LES VOLETS

Derrière les volets
Le sommeil vient se poser
Sur les draps froissés
A peine soulevés
Par ton souffle apaisé
De rêves sucrés.

Derrière les volets
La lumière du matin
Caresse le satin
Et l'affolant parfum
S'éveillant sur ta main.
Quel rêve opalin
Dessine son portrait ?

.../...

…/…

Derrière les volets
Le jardin est troublé
Par la légèreté
De la réalité…
L'amour flotte, solaire,
La lumière est dans l'air

Etre invisible

Parmi des mots ou des heures

Naître d'un sourire

CROIRE

Croire en Rien
Pour effacer le chagrin
Du geste de ta main
Quand s'évapore le train,
Pour construire encore
Ce pont avec nos corps
Entre ce soleil d'or
Et l'amour qui s'endort

Croire en Tout
En l'indomptable fou
Qui trébuche et échoue,
Se relève et avoue
Que le ciel est jaloux
De sa force de loup,
Et sa tendresse noue
Des hurlements si doux

.../...

…/…

Croire en l'imperceptible,
L'insaisissable invisible,
Le trouble parfait
Sensible et singulier,
Croire en l'évidence
Comme une humble chance,
En la certitude de cette lumière
Entre le ciel et la mer…

Briser l'abandon

Du silence dans l'ombre

L'éclat de ta vie

ENTRE NOUS

Entre nous
Un pond se tend
Entre ciel et terre
Sans en avoir l'air,
Entre montagne et mer
Suspendu à l'envers,
Par-dessus les rivières
Et les abysses de pierres

Un pont file
Entre les clins d'œil d'idylle
Entre le zist et le zest,
Entre l'ouest et l'est,
De l'aube au crépuscule
Comme une coupe de bulles

Un pont de bois
Cliquetant comme il se doit
Au passage d'un vélo
Arrondissant le dos

…/…

…/…

Un pont sur l'eau
Aux frontières de l'égo,
Entre chien et loup
De cet empire fou

Un pont de douceurs
De rêves d'ailleurs
D'ici au bonheur
Un pont entre nos cœurs

Ecrire en un mot

L'amour de toute une vie

Signer d'un sourire

DANS L'HIVER

Dans l'hiver
De ton rêve,
Sur le bord de ta lèvre,
Le silence s'achève,
Le matin se lève

Un doux frisson
Frémit sur l'étang rond
Et le soleil fond
Quand le jonc rompt

Dans l'hiver
Que le vent glace,
La neige efface
Les gracieuses traces
D'une biche fugace

.../...

…/…

Alors je rêve encore
Que la vie se colore
Et fasse doucement éclore
Ton vœu, cet immense trésor…
Le printemps d'or
Dort…

Marcher côte à côte

Briser le grand sablier

Eternellement

Portrait lumineux

D'une nuit d'hiver frileux

Flammes dans nos yeux

Aimanter la Vie

Avec les poings de l'espoir

Toujours sourire

Air de Silence

Interdire d'interdire

Vent de liberté

Livres précédents *(BoD)*

* *Dans le Vent (VII 2017)*
* *Ecrits en Amont (VIII 2017)*
* *Jeux de Mots (VIII 2017)*
* *Etoile de la Passion (VIII 2017)*
* *As de Cœur (XI 2017)*
* *Pensées Eparses et Parsemées (XI 2017)*
* *Le Sablier d'Or (XI 2017)*
* *Rêveries ou Vérités (I 2018)*
* *Couleurs de l'Infini (II 2018)*
* *Exquis Salmigondis (V 2018)*
* *Lettres simples de l'être simple (VI 2018)*
* *A l'encre d'Or sur la Nuit (X 2018)*
* *A la Mer, à la Vie (XI 2018)*
* *Le Cœur en filigrane (XII 2018)*
* *Le Silence des Mots (III 2019)*
* *La Musique Mot à Mot (IV 2019)*
* *Les 5 éléments (V 2019)*
* *Univers et Poésies (VIII 2019)*
* *Les Petits Mots (X 2019)*
* *Au Jardin des Couleurs (XI 2019)*
* *2020 (XII 2019)*
* *Nous... Les Autres (X 2020)*
* *Ombre de soie (III 2020)*
* *Les Jeux de l'Art (IV 2020)*
* *Harmonie (VI 2020)*
* *La source de l'Amour (VIII 2020)*
* *Au pays des clowns (X 2020)*
* *365 (XI 2020)*
* *L'Amour écrit... (XII 2020)*
* *Haïkus du Colibri (II 2021)*

.../...

.../...

* *Le Bonzaï d'Haïkus (IV 2021)*
* *Blue Haïku (V 2021)*
* *Avoir ou ne pas Avoir (VII 2021)*
* *Haïkus du Soleil (VIII 2021)*
* *Equinoxe (XI 2021)*
* *Un jour... Un poème (XII2021)*
* *50 nuances d'Amour (VI 2022)*
* *Haïkus de l'Eté (VIII2022)*
* *Haïkus blancs de l'Hiver (X2022)*
* *Philopoésie (XI 2022)*